Searchlight BOOKS™ en español

¿Qué son las fuentes de energía?

Aprender sobre

la energía nuclear

T0015869

Matt Doeden

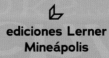

ediciones Lerner
Mineápolis

ediciones Lerner
Una división de Lerner Publishing Group, Inc.
241 First Avenue North
Mineápolis, MN 55401, EE. UU.

Si desea averiguar acerca de niveles de lectura y para obtener más información, favor
consultar este título en www.lernerbooks.com.

Texto principal configurado en Adrianna Regular 13/20
Tipografía proporcionada por Chank

Library of Congress Cataloging-in-Publication Data

The Cataloging-in-Publication Data for *Aprender sobre la energía nuclear* is on file at the
    Library of Congress.
ISBN 978-1-7284-7434-2 (lib. bdg.)
ISBN 978-1-7284-7474-8 (pbk.)
ISBN 978-1-7284-7475-5 (eb pdf)

Fabricado en los Estados Unidos de América
1-52030-50543-12/16/2021

Contenido

Capítulo 1

¿QUÉ ES LA ENERGÍA NUCLEAR?

Imagina que estás en una playa. Tienes un solo grano de arena en tu mano. Parece que no tienes nada, ¿verdad? ¡Error!

Puedes sostener mucha arena en la mano. ¿De qué está formado un grano de arena?

Toda la materia se compone de átomos. Incluso un pequeño grano de arena tiene alrededor de 60 trillones de átomos. ¡Eso es un 60 con dieciocho ceros detrás! Esto debería darte una idea de lo pequeño que es un átomo. A pesar de su tamaño, los átomos contienen enormes cantidades de energía.

Cada átomo del universo contiene energía. ¡Imagina cuánta energía hay en esta playa!

Los átomos se componen de tres partes principales. Los protones y neutrones forman el centro. Se llama núcleo. Los electrones orbitan alrededor del núcleo. El núcleo contiene la energía del átomo. Al aprovecharlo se genera energía nuclear.

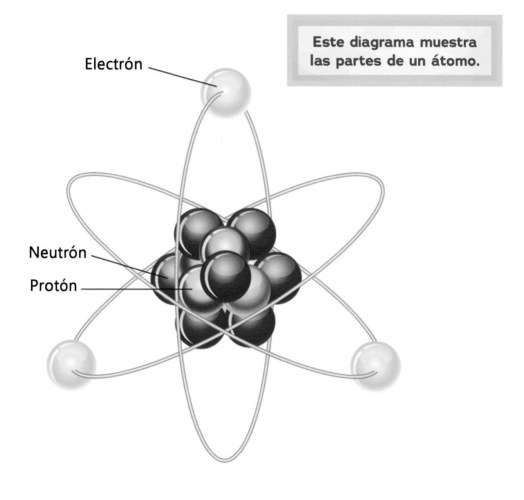

Este diagrama muestra las partes de un átomo.

Electrón

Neutrón

Protón

fusión y fisión

Hay dos tipos de energía nuclear. Estas son fusión y fisión. Combinamos dos núcleos durante la fusión. Emite una explosión de energía. El sol está alimentado por fusión.

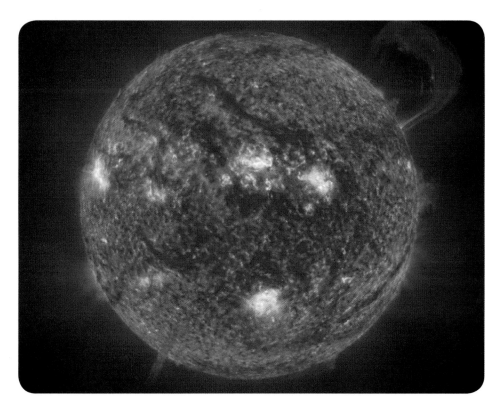

LA FUSIÓN EN EL SOL EMITE GRANDES
CANTIDADES DE LUZ Y CALOR.

La fusión podría proporcionar energía limpia casi ilimitada. Solo hay un problema. Los científicos tienen que calentar el combustible a temperaturas muy altas. No saben de qué otra manera hacer que ocurra la fusión. Se requiere más energía para que los átomos se combinen que la que obtenemos.

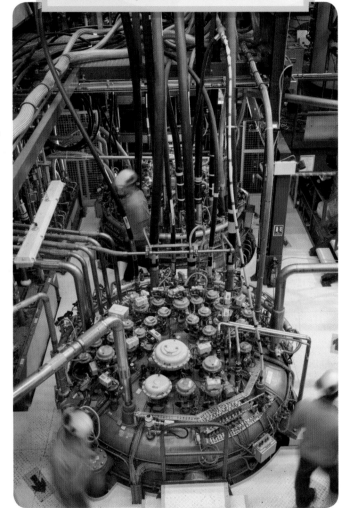

Los científicos estudian formas de hacer que la fusión funcione.

Eso nos deja con la fisión. El núcleo de un átomo se divide durante la fisión. Un átomo se divide en dos más pequeños. Se libera una gran cantidad de energía.

El uranio es un elemento de uso frecuente en la fisión.

La fisión es el tipo de energía que alimenta las plantas de energía nuclear. Estas plantas proporcionan alrededor del 11 por ciento de la electricidad.

Las plantas de energía nuclear se pueden encontrar en todo el mundo.

Capítulo 2

PRODUCIR ENERGÍA NUCLEAR

No cualquier átomo funciona en una planta de energía. La mayoría de las veces, se utilizan átomos de uranio. El uranio se puede encontrar en la naturaleza, incluso en las rocas y el agua.

El uranio se puede encontrar en lugares rocosos como este. ¿Dónde más podrías encontrar uranio?

Todo comienza con el uranio

El uranio se presenta de varias formas. El que se usa para la energía nuclear es el uranio-235 (U-235). Menos del 1 por ciento de todo el uranio de la Tierra es U-235. No parece mucho. Pero piénsalo así. ¡Alrededor de 2,2 libras (1 kilogramo) de U-235 pueden producir hasta 3 millones de veces más energía que 2,2 libras de carbón!

Esta ilustración muestra un átomo de U-235.

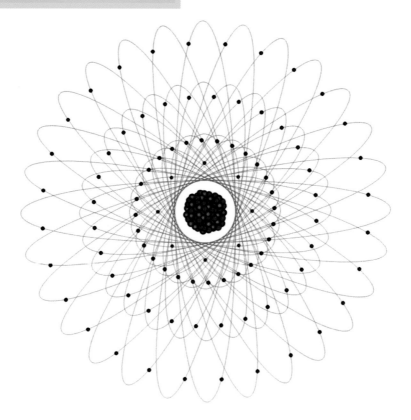

El uranio se encuentra mezclado con otras rocas y metales en el mineral. El mineral se encuentra en todo el mundo. Hay dos formas principales de extraer mineral. Las minas a cielo abierto son para el mineral cerca de la superficie de la Tierra. Las máquinas grandes eliminan la suciedad y las rocas para llegar al mineral.

Se crea una mina a cielo abierto mediante la perforación y voladura de la superficie de la Tierra.

Las minas subterráneas son para el mineral que se encuentra a gran profundidad. Los mineros cavan túneles para llegar al mineral. A continuación, se tritura el mineral extraído. El uranio se separa de otras rocas y metales.

Los mineros cavan túneles para llegar al uranio a gran profundidad.

También podemos obtener uranio del agua. Los océanos y otras masas de agua tienen uranio disuelto en ellos. Podemos separar este uranio del agua.

El uranio disuelto se puede encontrar en los océanos.

El uranio que se encuentra en la naturaleza no tiene suficiente U-235 para usarse en una planta de energía. Hay que cambiar el uranio. Los trabajadores hacen pequeños gránulos de uranio. Los gránulos son al menos un 3 por ciento de U-235. Eso es suficiente para producir energía.

Los gránulos de uranio pueden producir una gran cantidad de energía.

Dentro del reactor

Los gránulos van a un reactor nuclear en una central eléctrica. Un reactor nuclear es una máquina compleja. Controla la fisión necesaria para producir la electricidad. Hay varios tipos de estas máquinas. Pero todas funcionan de la misma forma básica.

Un reactor nuclear genera energía a partir de gránulos de uranio.

Todo comienza con el combustible. Los gránulos se colocan dentro de barras metálicas. Cada barra mide unos 4 metros (14 pies) de largo. Las barras se colocan en paquetes.

LAS BARRAS DE METAL CONTIENEN GRÁNULOS DE URANIO.

El U-235 sufre desintegración radioactiva. Esto significa que emite energía y partículas de forma natural. Estas partículas viajan a velocidades muy altas. El U-235 se descompone dentro de la barra de metal. Una partícula golpea otro átomo de U-235. Ese átomo también pierde partículas. Las partículas siguen golpeando otros átomos. Comienzan una reacción en cadena.

En las barras de metal, los átomos emiten energía.

Las barras de combustible se colocan en el núcleo de un reactor nuclear en Alemania en 2010.

La reacción en cadena genera mucha energía. Esto calienta las barras de metal. Las barras se colocan debajo del agua. Las barras calentadas convierten el agua en vapor.

El vapor en movimiento hace girar las aspas de una turbina. La turbina acciona un generador. Esta máquina convierte la energía en electricidad.

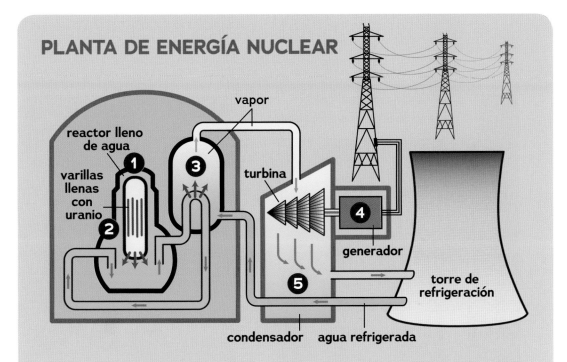

PLANTA DE ENERGÍA NUCLEAR

vapor

reactor lleno de agua

1

varillas llenas con uranio

2

3

turbina

4

generador

5

condensador   agua refrigerada

torre de refrigeración

1. Las varillas de metal se llenan con gránulos de uranio. Las varillas se colocan en agua en un reactor nuclear.
2. Los átomos de uranio se dividen y liberan energía en las varillas.
3. La energía calienta el agua y crea vapor.
4. El vapor mueve una turbina. La turbina acciona un generador. Así se genera electricidad.
5. El vapor se enfría y se transforma en agua, que se vuelve a usar en el proceso. Puede utilizarse una torre de enfriamiento para disipar el calor adicional de la planta.

Los trabajadores pueden controlar la velocidad de la reacción en cadena. Pero los reactores son muy potentes. Se conservan dentro de muros gruesos de hormigón. La planta cuenta con sistemas de enfriamiento. Estos impiden que el combustible se caliente demasiado.

Los trabajadores controlan la actividad de los reactores.

Capítulo 3

LAS VENTAJAS Y DESVENTAJAS DE LA ENERGÍA NUCLEAR

Todas las fuentes de energía tienen ventajas y desventajas. Al igual que los combustibles fósiles, el uranio es un recurso no renovable. Cuando el combustible se agota, se acaba para siempre. Pero tenemos suficiente uranio para cientos de años.

El uranio es un recurso no renovable. ¿Qué otra fuente de energía no es renovable?

Seguridad

Las plantas nucleares pueden producir mucha energía. Pero las cosas pueden salir mal. Y puede ser un desastre. Ocurrió una explosión en la planta de Chernobyl en Ucrania en 1986. Se liberaron enormes cantidades de materiales radiactivos. La radiación puede provocar cáncer. Miles de personas murieron por sus efectos.

Uno de los peores desastres nucleares de la historia ocurrió en la planta de Chernobyl.

Tales desastres son poco frecuentes. Las plantas son más seguras que durante la época de Chernobyl. Pero los desastres nucleares no son cosa del pasado. Un terremoto ocurrió cerca de Japón en 2011. Ocasionó la falla de varios reactores. Las explosiones desprendieron material letal. El desastre sirvió como recordatorio. La energía nuclear no es completamente segura.

Un tsunami azotó a Japón en 2011. Ocasionó que varios reactores nucleares fallaran y emitieran radiación letal.

Desechos nucleares

El combustible nuclear que se ha agotado se denomina combustible gastado. El combustible gastado ya no puede iniciar una reacción en cadena. Pero el combustible sigue siendo muy radiactivo. Incluso acercarse a una barra de combustible gastado puede matar a una persona. Y sigue siendo letal durante miles de años.

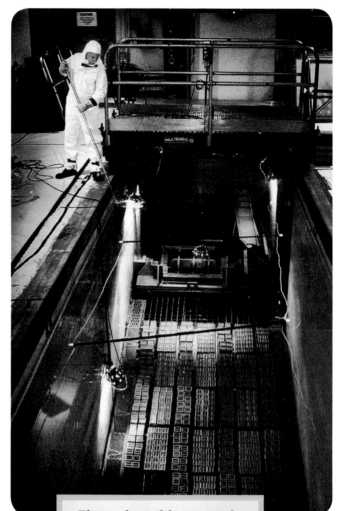

El combustible gastado se puede almacenar en piscinas profundas.

El combustible gastado tiene una vida útil muy prolongada, por lo que es importante almacenarlo de forma segura y lejos del público.

Los gobiernos de todo el mundo han buscado formas de deshacerse del combustible gastado y otros desechos nucleares. Gran parte se sella en barriles y se entierra.

Pero algunas personas sostienen que incluso esto no es seguro. Los desastres naturales pueden hacer que los barriles goteen. Los desechos podrían llegar a los suministros de agua. Esto podría ser un desastre mayor que cualquier falla de una planta.

Algunas personas temen que los desechos nucleares puedan contaminar los suministros de agua.

Combatir el Cambio climático

Aún así, la energía nuclear no es del todo perjudicial para el medioambiente. Muchas personas se preocupan por el cambio climático global. La mayor parte de nuestra energía proviene de la quema de combustibles fósiles. Pero esto arroja enormes cantidades de dióxido de carbono a la atmósfera.

La quema de combustibles fósiles conduce a la contaminación del aire, la contaminación del agua y el cambio climático.

Demasiado dióxido de carbono en la atmósfera hace que la Tierra se caliente. Y demasiado calentamiento podría causar un desastre. Los niveles del mar podrían aumentar. Los cambios en los patrones climáticos podrían resultar en sequías, inundaciones e incendios más severos.

EL CAMBIO CLIMÁTICO PODRÍA AUMENTAR
EL RIESGO DE INCENDIOS FORESTALES.

Las plantas de energía nuclear no emiten dióxido de carbono. Esto significa que no contribuyen al cambio climático. De esta forma, la energía nuclear es buena para el medioambiente.

Las plantas nucleares emiten vapor, no humo. Las plantas nucleares no liberan dióxido de carbono al aire.

Capítulo 4

LA ENERGÍA NUCLEAR EN EL FUTURO

El uso de la energía nuclear se redujo después de los desastres en las plantas en las décadas de 1970 y 1980. Muchas personas pensaban que las plantas nucleares eran demasiado inseguras. Entonces combatieron la construcción de nuevas plantas cerca de sus hogares.

Estas personas protestan por el uso de la energía nuclear. ¿Por qué las personas pueden no querer una planta de energía nuclear cerca de sus hogares?

Muchas personas cambiaron de opinión sobre la energía nuclear en la década de 2000. Se construyeron plantas nuevas y más seguras en todo el mundo. Y los gobiernos controlan estrictamente lo que se hace con los desechos.

Trabajadores construyen una planta nuclear en Tennessee en 2011.

Se siguen buscando fuentes de energía alternativas. La energía solar, la energía eólica y la energía hidráulica son renovables. Y emiten muy poco o nada de dióxido de carbono.

Estos paneles solares convierten la luz solar en electricidad.

Pero pueden no ser suficientes para reemplazar los combustibles fósiles por completo. Por eso es importante la energía nuclear. Podría ayudar a suministrar la energía del mundo en el futuro.

La energía eólica es otra fuente de energía renovable.

El sueño de la fusión en frío

Imagina un mundo en el que podamos obtener energía casi ilimitada con el agua de mar. Sin desechos nucleares. Ese es el sueño de la fusión en frío. La fusión en frío ocurre cuando podemos obtener energía al combinar átomos a temperatura ambiente. Una de las formas más probables en que esto podría suceder es combinando los átomos de hidrógeno en el agua de mar.

Si se pudiera lograr la fusión en frío, los océanos del mundo podrían proporcionar combustible limpio casi ilimitado.

Por ahora, la fusión en frío es solo un sueño. La mayoría de los científicos no cree que sea posible. Pero algunos todavía buscan formas de hacerlo funcionar. Si podemos resolverlo, podría proporcionar al mundo enormes cantidades de energía limpia. ¿Alguna vez sucederá? No lo sabemos. Pero vale la pena soñar.

LOS CIENTÍFICOS CONTINÚAN TRABAJANDO PARA HACER REALIDAD LA FUSIÓN EN FRÍO.

Glosario

átomo: la unidad más pequeña de un elemento que tiene las propiedades del elemento. El átomo está formado por protones, neutrones y electrones.

combustible fósil: un combustible como el carbón, el gas natural o el petróleo que se formó durante millones de años a partir de los restos de plantas y animales muertos

desintegración radioactiva: el proceso por el que ciertos átomos se descomponen y liberan energía llamada radiación

electrón: una parte de un átomo que orbita el núcleo y tiene una carga negativa

fuente de energía alternativa: una fuente de energía distinta a los combustibles fósiles tradicionales

neutrón: una parte de un átomo que se encuentra dentro del núcleo y no tiene carga

no renovable: que no se puede reabastecer. Una vez que una forma de energía no renovable se agota, desaparece para siempre.

núcleo: el centro de un átomo, formado por protones y neutrones

protón: una parte de un átomo que se encuentra dentro del núcleo y tiene una carga positiva

radiación: la energía y las partículas que se desprenden de las sustancias radiactivas y las reacciones nucleares

radioactivo: que tiene o produce radiación

reacción en cadena: un cambio en un átomo que hace que otros átomos cercanos experimenten cambios

renovable: que se puede reabastecer a lo largo del tiempo

turbina: una máquina con paletas que convierte la energía de un fluido o gas en movimiento, como el vapor, en energía mecánica

Más información

Libros

Benoit, Peter. *Nuclear Meltdowns*. Nueva York: Children's Press, 2012. Obtén más información sobre lo que sucede cuando un reactor nuclear falla o colapsa, y lee acerca de los colapsos famosos de la historia.

Doeden, Matt. *Aprender sobre el carbón, el petróleo y el gas natural..* Mineápolis: Lerner Publications, 2022. Los combustibles fósiles siguen siendo nuestra principal fuente de energía. Obtén más información sobre cómo se forman, cómo se recopilan y las ventajas y desventajas de su uso.

Hansen, Amy S. *Nuclear Energy: Amazing Atoms*. Nueva York: PowerKids Press, 2010. Descubre la asombrosa ciencia en funcionamiento durante las reacciones nucleares y lee sobre cómo los reactores convierten el combustible en energía.

Sitios web

How Nuclear Power Works
http://science.howstuffworks.com/nuclear-power.htm
Visita un reactor nuclear y obtén más información sobre las ventajas y desventajas de la energía nuclear.

Student's Corner—Nuclear Reactors
http://www.nrc.gov/reading-rm/basic-ref/students/reactors.html
¿Qué sucede dentro de un reactor nuclear? Los diagramas y el texto descriptivo de este sitio te guiarán paso a paso a través del proceso.

Índice

Agradecimientos por las fotografías

Las imágenes de este libro se utilizan con el permiso de: © Mike_kiev/Dreamstime.com, p. 4; © John R. Kreul/Independent Picture Service, p. 5; © snapgalleria/Shutterstock.com, p. 6; ESA/NASA/SOHO, p. 7; © Monty Rakusen/Cultura/Getty Images, p. 8; © iStockphoto.com/hddigital, p. 9; © iStockphoto.com/narvikk, p. 10; © Ralf Broskvar/Dreamstime.com, p. 11; Stefan-Xp/Wikimedia Commons, p. 12; © iStockphoto.com/JohnCarnemolla, p. 13; © Bloomberg via Getty Images, pp. 14, 16; © iStockphoto.com/malerapaso, p. 15; © Attila Kisbenedek/AFP/Getty Images, p. 17; © iStockphoto.com/4X-image, p. 18; RUBEN SPRICH/REUTERS/Newscom, p. 19; Armin Weigel/dpa/picture-alliance/Newscom; © Laura Westlund/Independent Picture Service, p. 21; © Steve Allen/Stockbyte/Getty Images, p. 22; © Jvdwolf/Dreamstime.com, p. 23; © Sovfoto/Universal Images Group/Getty Images, p. 24; AP Photo, p. 25; AP Photo/HO, p. 26; Jens Wolf/dpa/picture-alliance/Newscom, p. 27; © iStockphoto.com/maomaotou , p. 28; © iStockphoto.com/bncc369, p. 29; US Forest Service photo, p. 30; © iStockphoto.com/Symbiont, p. 31; © Alexis DUCLOS/Gamma-Rapho/Getty Images, p. 32; © Robin Nelson/ZUMA Press/CORBIS, p. 33; SunPower Corporation/Department of Energy/National Renewable Energy Laboratory, p. 34; Michael J. Okoniewski/Iberdrola Renewables, Inc./Department of Energy/National Renewable Energy Laboratory, p. 35; © iStockphoto.com/Akropot, p. 36; © Fineart1/Shutterstock.com, p. 37.

Portada: © Vaclav Volrab/Shutterstock.com.